DER
PURR-FEKTE
PRÄSIDENT

Mike Seirots

HERR MIAU'S VORHERIGES LEBEN

Herr Miau führte gern ein einfaches Leben. Er war nur eine gewöhnliche Katze, die friedlich in der Hauptstadt der Vereinigten Staaten von Amerika lebte. Er war seit vielen Jahren ein Stammgast und eine der beliebtesten Persönlichkeiten im Stadtteil Georgetown in Washington D.C..

Seine Besitzerin, eine freundliche ältere Dame namens Mrs. Jenkins, pflegte scherzhaft zu sagen, wenn Herr Miau ein Mann wäre, könnte er sich dank seines charmanten Schnurrens und seiner Fähigkeit, während der umstrittensten Sitzungen ein Nickerchen zu halten, politischen Aktivitäten widmen.

Doch dieser freundlichen und ruhigen Katze sollte etwas Unvorstellbares passieren. Sein ruhiges Leben würde sich bald radikal verändern.

DER UNWAHRSCHEINLICHE KANDIDAT

An einem wunderschönen sonnigen Tag fand in der Stadt Washington ein Treffen zur Auswahl von Kandidaten für die nächsten Wahlen zum Präsidentenamt der Vereinigten Staaten statt. Es ist nicht bekannt, ob jemand aus Versehen oder im Scherz beschlossen hat, den Namen von Herrn Miau auf die Liste der Kandidaten für das Amt des Präsidenten der Vereinigten Staaten zu setzen.

Viele dachten, es sei ein Irrtum oder ein Irrtum, doch als sie es erkannten, war die Kandidatenliste nicht mehr zu ändern. Sein Name wurde schließlich in die Liste aufgenommen, die den Wählern vorgelegt wurde.

Der neue Katzenkandidat erfreute sich bei einer Gruppe von Universitätsstudenten großer Beliebtheit. Sie waren der üblichen politischen Kandidaten überdrüssig und beschlossen, eine Kampagnen-Website zu erstellen, um diesen neuen Kandidatentyp zu unterstützen. Unter dem Slogan „Miau für Präsident" versprach die Plattform, die Einführung von „obligatorischen Bauchmassagen" als neues universelles Recht für alle Amerikaner (Menschen und Tiere) zu verankern. Das Internet war von dieser Idee begeistert. Die Memes von Mister Meows bezauberndem Gesicht verbreiteten sich wie ein Lauffeuer und in kurzer Zeit wurde das Motto „Miau für Präsident" zu einem viralen Thema in den sozialen Medien. Vielleicht klingt das seltsam, aber was als nächstes geschah, war noch unglaublicher.

WAHLTAG

Ein weiterer typischer Wahltag ist in den Vereinigten Staaten angebrochen. Bürger im ganzen Land strömten zu den Wahlkabinen, um den nächsten Präsidenten der Vereinigten Staaten zu wählen

Im Laufe des Nachmittags tauchten die ersten seltsamen Anzeichen auf. Einige Umfrageunternehmen zur Wahlabsicht begannen darauf hinzuweisen, dass der Name von Herrn Miau mit großer Wahrscheinlichkeit

neben den Kandidaten mit den meisten Stimmen erscheinen würde.

Zunächst galten diese Ergebnisprognosen als Fehler, doch als die Stimmenauszählung begann, deuteten die ersten Zahlen in diese Richtung.

Es wurde klar, dass etwas Beispielloses geschah: Der Kandidat Herr Miau war in Gefahr, die amerikanischen Wahlen zu gewinnen!

DAS OFFIZIELLE ERGEBNIS

Schließlich wurde das offizielle Ergebnis bekannt gegeben: Herr Miau war mit einem Erdrutschsieg zum neuen Präsidenten der USA gewählt worden. Die amerikanische Nation stand unter Schock. Herr Miau, eine Hauspelzkatze Mit seinem glatten Gesicht und seinen strahlenden Augen war er der neue offizielle Führer der Vereinigten Staaten von Amerika.

Das Undenkbare war tatsächlich passiert. Herr Miau hatte die Wahl gewonnen und war der erste katzenartige Präsident der Vereinigten Staaten.

Als sich die Nachricht von diesem beispiellosen Wahlergebnis verbreitete, waren Menschen auf der ganzen Welt ratlos und fasziniert von dem neuen Führer, der sich nur durch leises Miauen verständigen konnte.

Die Nachricht sorgte weltweit für Aufruhr und die sozialen Medien wurden mit Witzen über den neuen Katzenpräsidenten überschwemmt.

Die Menschen waren erstaunt, verwirrt und manche sogar empört. Wie konnte eine Katze, ein Geschöpf, das den größten Teil des Tages mit Schlafen und Fressen verbrachte, das größte Land der freien Welt regieren?

Wie könnte eine Katze ohne politische Erfahrung zum Anführer der freien Welt werden?

Das amerikanische Wahlkollegium war in Aufruhr, einige Mitglieder forderten eine Neuauszählung der Stimmen, andere bestanden darauf, dass die Ergebnisse legitim seien.

Einige Mitglieder des Präsidialkabinetts schlugen sogar vor, Neuwahlen abzuhalten, doch die angesehensten Rechtsexperten in den USA schlossen diese Idee schnell als verfassungswidrig aus.

Die amerikanische Verfassung sah keine spezifische Bestimmung für den Umgang mit einer solchen Situation vor, so dass der amerikanischen Nation keine Alternative zu dieser beispiellosen politischen Situation blieb. Einige optimistischere Menschen meinten sogar, dass Herr Miau aufgrund seiner ungewöhnlichen Herkunft eine einzigartige Perspektive in die Regierungsführung einbringen könnte.

ÜBERNEHMEN

Als sich der Medienstaub gelegt hatte, war es für Herrn Miau an der Zeit, den Eid als neuer Präsident der Vereinigten Staaten zu leisten.

Die Einweihungsfeier verlief etwas anders als üblich. Die freundliche Katze, die auf Mrs. Jenkins' Schoß saß, legte ihre rechte Pfote auf die Bibel, während sie dem Amtseid zuhörte. Am Ende fing er an, immer lauter zu miauen. Die Menge war überrascht, begann aber schnell zu lachen und zu applaudieren.

Herr Miau, nun offiziell der neue Präsident, begab sich dann in seinen neuen offiziellen Wohnsitz, das Weiße Haus.

Der Übergang zu dieser neuen Verwaltung war zunächst etwas schwierig zu organisieren. Zusätzlich zu den offiziellen Mitgliedern des Kabinetts des Präsidenten hatte Herr Meow einige seiner besten Katzenfreunde hinzugefügt. Diese Sonderberater waren jedoch mehr an der Jagd nach Laserpointern als an politischen Treffen interessiert.

Die Küche des Weißen Hauses wurde mit Katzenfutter gefüllt und der Rosengarten wurde in eine riesige Katzentoilette umgewandelt.

Währenddessen erkundete Mister Meow in den Korridoren des Weißen Hauses gern alle Säle mit der typischen Neugier einer Katze. Die Mitarbeiter versuchten, mit der überraschenden Situation bestmöglich umzugehen und sich an die Anwesenheit des neuen Leiters anzupassen.

DIE NEUE REGIERUNGSFÜHRUNG

Mit seinem Amtsantritt zeigte Herr Miau

bemerkenswerte und unerwartete politische Fähigkeiten.

Als die Tage des Regierens zu Wochen und Monaten wurden, begann Herr Miaus unorthodoxer Ansatz in der Politik unerwartete Ergebnisse zu erzielen.

Sein Mangel an Vorurteilen und Parteilichkeit ermöglichte es ihm, Gesetzgeber aus entgegengesetzten Extremen zusammenzubringen, die dem Charme des liebenswerten Katzenführers nicht widerstehen konnten.

Er konnte auch unter Druck die Ruhe bewahren, seine Entscheidungen wurden überlegt und war – zur Überraschung aller – ein außergewöhnlicher Zuhörer.

Anstatt unzählige Fragen zu stellen, beobachtete er die Treffen aufmerksam und schaffte es am Ende auf mysteriöse Weise, die Optionen zu treffen, die den Interessen des amerikanischen Volkes am besten entsprachen.

Trotz seines Mangels an politischer Erfahrung und seiner Unfähigkeit, die menschliche Sprache zu sprechen, eroberte Herr Miau mit seinen klugen Entscheidungen und seinem starken Sinn für Empathie gegenüber allen Lebewesen schnell die Herzen der Amerikaner.

Im Laufe der Tage gewann Herr Miau immer mehr öffentliches Vertrauen. Sein unkonventioneller Ansatz in der Politik war erfrischend und seine Anwesenheit beruhigte die Bürger.

Die Zustimmungswerte von Präsident Meow stiegen, als er sein natürliches Charisma nutzte, um Vereinbarungen auszuhandeln und Gesetze zu verabschieden, die allen Amerikanern (Menschen und Tieren) zugute kamen.

Trotz einiger schwieriger Herausforderungen und sogar Kritik seitens derjenigen, die an seinen Fähigkeiten zweifelten, regierte Herr Miau weiterhin mit Anmut und Mitgefühl.

Er hörte seinen Beratern aufmerksam zu und traf entscheidende Entscheidungen, bei denen die Einheit des Landes Vorrang vor der Spaltung hatte.

EIN BEISPIELHAFTES ERBE

Das Land begann zu prosperieren. Die Wirtschaft wuchs, in vielen Regionen der Welt herrschte wieder Frieden und die Amerikaner fühlten sich glücklicher.

Mit Herrn Miau an der Spitze traten die Vereinigten Staaten in eine neue Ära des Friedens und des Wohlstands ein.

Mit der Zeit begannen selbst die größten Skeptiker seinen ruhigen Führungsstil und sein unerschütterliches Engagement für die Hilfe für die Bedürftigsten zu schätzen. Allmählich wurden die Spannungen, die mit seiner Wahl entstanden waren, durch Akzeptanz und sogar

Bewunderung für den Stil des neuen Präsidenten ersetzt.

Die Menschen begannen sich um den neuen Präsidenten zu vereinen. Sie wussten den Humor der Situation zu schätzen und das bezaubernde Gesicht der Katze wurde zu einer freundlichen und häufigen Erscheinung in Zeitungen und Fernsehsendern.

Die Amtszeit von Herrn Miau als Präsident der Vereinigten Staaten war ein einzigartiges

Erlebnis in der Geschichte dieses großartigen Landes.

Mit der für einen wahren Staatsmann typischen Würde und Demut übte Herr Miau seine Rolle bis zum Ende seiner Amtszeit weiter aus. Nach Ablauf seiner vierjährigen Amtszeit wusste er, dass er ein weitaus größeres Erbe hinterlassen hatte, als sich jeder seiner Wähler hätte vorstellen können.

Ein besonderes Erbe, das auf Verständnis und Respekt für alle Lebewesen, ob groß oder klein, basiert. Er hat dazu beigetragen, eine glücklichere und unterhaltsamere Nation zu schaffen.

Die amerikanische Nation erinnert sich noch immer mit einem Lächeln an die Zeit, als eine Katze das Land mit so viel Würde und Anmut regierte.

Für viele Amerikaner war er der beste Präsident der Vereinigten Staaten aller Zeiten. Viele bezeichnen ihn immer noch liebevoll als den **„Der Purr-fekte Präsident"**.

www.ingramcontent.com/pod-product-compliance
Lightning Source LLC
Chambersburg PA
CBHW051408250726
48656CB00006B/2335